BEI GRIN MACHT SICH IHR WISSEN BEZAHLT

- Wir veröffentlichen Ihre Hausarbeit, Bachelor- und Masterarbeit

- Ihr eigenes eBook und Buch - weltweit in allen wichtigen Shops

- Verdienen Sie an jedem Verkauf

Jetzt bei www.GRIN.com hochladen und kostenlos publizieren

Sportmarketing im Verein

Lukas Faria

Bibliografische Information der Deutschen Nationalbibliothek:

Die Deutsche Nationalbibliothek verzeichnet diese Publikation in der Deutschen Nationalbibliografie; detaillierte bibliografische Daten sind im Internet über http://dnb.d-nb.de abrufbar.

ISBN: 9783346423672
Dieses Buch ist auch als E-Book erhältlich.

© GRIN Publishing GmbH
Nymphenburger Straße 86
80636 München

Alle Rechte vorbehalten

Druck und Bindung: Books on Demand GmbH, Norderstedt Germany
Gedruckt auf säurefreiem Papier aus verantwortungsvollen Quellen

Das vorliegende Werk wurde sorgfältig erarbeitet. Dennoch übernehmen Autoren und Verlag für die Richtigkeit von Angaben, Hinweisen, Links und Ratschlägen sowie eventuelle Druckfehler keine Haftung.

Das Buch bei GRIN: https://www.grin.com/document/1019730

Deutsche Hochschule für

Prävention und Gesundheitsmanagement

Hermann Neuberger Sportschule 3

66123 Saarbrücken

Einsendeaufgabe

Fachmodul: Sportmarketing

Studiengang: Sportökonomie

Datum
Präsenzphase: 16.04.2018 – 19.04.2018

Name, Vorname: Faria, Lukas

Studienort: **München**

Semester: **Wintersemester 2016**

Inhaltsverzeichnis

1 SWOT-Analyse

In der folgenden Übersicht werden die Teilanalysen einer SWOT-Analyse sowie die sich daraus ergebenden Strategiekombinationen auf Basis einer SWOT-Matrix für die TSG 1899 Hoffenheim tabellarisch dargestellt.

Tabelle 1: SWOT-Matrix (eigene Darstellung)

<table>
<tr><td rowspan="2" colspan="2">SWOT-Analyse</td><td colspan="2">Externe Analyse</td></tr>
<tr><td>Chancen (O)
1. Nationale sowie internationale Erfolge
2. Zunehmende Attraktivität für Spieler, Fans und Sponsoren
3. Mehreinnahmen von steigender Fernsehvermarktung</td><td>Risiken (T)
1. Plötzliche Trennung von Großinvestor und Verein
2. Konstante Steigerung der Transfer- und Gehaltssummen
3. Verlust von Leistungsträgern</td></tr>
<tr><td rowspan="2">Interne Analyse</td><td>Stärken (S)
1. Finanzielle Stärke durch hohen Gesamtumsatz
2. Erfolgreiches Nachwuchsleistungszentrum
3. Starker Teamgeist</td><td>S-O-Strategien:
• Verpflichtung internationaler „Stars"
• Verstärkter Fokus auf einen Vereinswachstum</td><td>S-T-Strategien:
• Förderung eigener Talente
• Ausbau des Gesamtumsatzes als eine selbstständige finanzielle Grundlage</td></tr>
<tr><td>Schwächen (W)
1. Finanzielle Abhängigkeit durch Großinvestor
2. Schlechtes nationales Image
3. Fehlender Traditionsvereinsstatus</td><td>W-O-Strategien:
• Gewinn von Titeln für eine Bekanntheitsgradsteigerung
• Betrieb einer verstärkten Öffentlichkeitsarbeit</td><td>W-T-Strategien:
• Pflegen der Beziehung von Verein - Großinvestor
• Kauf und Förderung billigerer Spieler für erhöhte Erfolgs-/Titelchancen</td></tr>
</table>

<u>Stärken (S):</u>

Aufgrund einer vollkommen durchdachten und organisierten Finanzpolitik des Vereins konnte zum zweiten Mal hintereinander die 100-Millionen-Euro-Umsatz-Grenze über-schritten werden. „Rund ein Drittel des im abgelaufenen Geschäftsjahrs generierten Um-satzes stammt aus den Medien- und TV-Rechten. Weitere markante Posten sind Erlöse aus Transfers (29%), Sponsoring und Werbung (17%) sowie Tickets und Hospitality (13%). Merchandising und sonstige Erlöse komplettieren diese Bilanz" (TSG 1899 Hoffenheim Fußball-Spielbetriebs GmbH, 2017).

Eine weitere Stärke zeigt sich in der intensiven Jugendarbeit, die mittlerweile zu den bes-ten Deutschlands gehört. Der Verein sucht, findet und fördert seine eigenen Talente mit geringeren Kosten als ein teurer Neueinkauf. Das Geheimnis der Jugendarbeit liegt auch hier in der Organisation. So sagt Dirk Mack, Leiter des Nachwuchsleistungszentrums: „Die TSG ist in der Hinsicht einzigartig, dass wir nicht ein zentrales Nachwuchsleistungs-zentrum haben, sondern drei Zentren an verschiedenen Orten für die verschiedenen Al-tersgruppen" (Mack, o.J.; zitiert nach Schmeckel, 2016).

Durch die Schaffung eigener Talente im internen Vereinsumfeld baut sich automatisch ein stolzer und starker Teamgeist auf. Die Spieler lernen sich schon im Kinder- und Ju-gendalter kennen, bauen eine intensive Freundschaft zueinander auf und bilden den ge-wünschten Zusammenhalt. Folglich „[…] herrscht eben ein großes Vertrauen untereinan-der und ein riesiger Teamgeist […]" (Wittich, 2017).

<u>Schwächen (W):</u>

Die erste und auch größte Schwäche des Vereins ist die starke Abhängigkeit zu Dietmar Hopp, Mitbegründer der SAP SE und Großinvestor/Mäzen der TSG 1899 Hoffenheim. Dieser hat einen großen und bedeutenden finanziellen Beitrag -eigenen Angabe zufolge Investitionen von knapp 240 Millionen Euro- zu den Erfolgen des nun Fußballbundesli-gisten beigetragen, wodurch er nun fast 96% der Stimmrechte des Vereins besitzt (Fritsch, 2017). Somit ist der Verein nicht nur finanziell, sondern auch stark organisatorisch hin-sichtlich internen Entscheidungen abhängig. Ein schlechtes Image in Deutschland ist folglich eine zweite ausschlaggebende Schwäche, an der auch der Großinvestor eine ge-wissen Teilschuld besitzt. Denn durch die teuren Einkäufe schaffte es der Verein in 20 Jahren aus der Kreisklasse A in die erste Bundesliga und trägt dadurch auch den Namen Plastikclub (Siegmund, 2015). Auch der fehlende Status eines Traditionsvereins wird als Schwäche aufgefasst, die ebenfalls mit den finanziellen Rahmenbedingungen Dietmar Hopps in Verbindung steht.

Eine Fankultur existierte zu Beginn noch gar nicht, wodurch der Verein als kein Traditionsverein gesehen wird (c2 development GbR, o.J.).

Chancen (O):

Eine erste und von aufwendigen Entscheidungsprozessen (finanziell und organisatorisch) unabhängig realistische Chance ist der Gewinn von ersten Titeln, wie die Meisterschaft oder ein Pokalsieg. Durch den zügigen Aufstieg aus der Kreisklasse A in die erste Fußball-Bundesliga hat der Verein zwar Selbstvertrauen und Respekt sich erarbeitet, jedoch fehlen Titel in der Vereinshistorie (Statista GmbH, 2018). Wenn der Verein diese Theorie in die Praxis umsetzen kann, werden zunehmend neue mögliche Fans, Sponsoren sowie Spieler, die einen Wechsel zum Verein in Betracht ziehen würden, vermehrt Interesse zeigen und den Bekanntheitsgrad der TSG 1899 Hoffenheim erhöhen. Schließlich steigen durch die zunehmende (inter-)nationale Attraktivität des Clubs die Fernsehgelder, die durch die DFL an jeden Bundesligaverein durch ein Punktesystem verteilt werden. Hierbei sitzt die TSG aktuell im Mittelfeld der Geldverteilung mit Potential, mehr einzunehmen (vgl. Randerath, 2017).

Risiken (T):

Das Risiko, dass sich der Großinvestor SAP, geleitet von Dietmar Hopp, vom Verein (plötzlich) trennt und die finanzielle Möglichkeiten für Investitionen und Kosten nicht mehr deckt, ist von großer Bedeutung. Dies kann ökonomische und soziale Gründe haben und dies als Folge mit sich bringen. Ein weiteres Risiko sind die stetig steigenden Transfer- und Gehaltssummen, die es dem Verein erschweren, neue Spieler zu verpflichten und diese und schon vorhandenen weiter zu vergüten. Es gab nicht nur ein Anstieg, „die Preise für Fußballprofis sind explodiert" (Hellmann, 2017). Falls die finanziellen Mittel für die Spieler nicht mehr gegeben sind, kann ein Verlust von Leistungsträgern das dritte Risiko darstellen. „Zuletzt hat die TSG [...] drei Spieler an den FC Bayern verloren (Rudy, Süle, Wagner), der vierte folgt im Sommer (Gnabry), ein weiterer wird nach Schalke überlaufen (Uth)" (Kneer, 2018). Aber auch die Attraktivität, das Image oder der Ruhm anderer Vereine sind Faktoren, die einen Wechsel von wichtigen Spielern weg von der TSG aus Hoffenheim verursachen.

S-O-Strategien:

Durch die gegebenen finanziellen Möglichkeiten und den jetzt schon starken Spielerkader können internationale „Stars" schneller verpflichtet werden, die zu möglichen Titeln verhelfen und dadurch die Attraktivität des Vereins steigert. Dadurch kann ein Vereinswachstum gefördert werden.

S-T-Strategien:

Um zu verhindern, dass Leistungsträger den Verein verlassen, wird der Schwerpunkt auf eine intensive Ausbildung und Förderung der Jugend und folglich eigener Talente gelegt. Zudem soll der Gesamtumsatz als eine gewisse Unabhängigkeit zum Großinvestor gesteigert werden, damit er im Falle einer Trennung eine finanzielle Grundlage für die bestehenden und kommenden Spieler bieten kann.

W-O-Strategien:

Damit der bis dato niedrige Bekanntheitsgrad im internationalem Raum und der relativ kleine Fan-Kreis ausgebaut werden, soll eine verstärkte Öffentlichkeitsarbeit über unterschiedliche Kommunikationswege in die Wege geleitet werden. Der zusätzliche Gewinn von Titeln soll zudem den Verein bekannter und interessanter machen.

W-T-Strategien:

Die finanzielle Abhängigkeit vom Verein zum Großinvestor mit dem verbundenen Risiko einer Trennung dieser beiden Seiten soll durch eine intensivere Pflege und Beziehung zum Großinvestor verringert werden. Zuletzt sollen billigere Spiele gekauft und gefördert werden, um erhöhte Erfolgs- und Titelchancen zu ermöglichen und dadurch den Bekanntheitsgrad zu erweitern und den konstant steigenden Transfersummen entgegenzuwirken.

2 Merchandising und Licensing

2.1 Wer

Es wird das klassische Geschäftsmodell von Merchandising „Komplettes Merchandising in Eigenregie" festgelegt. Hierbei hat zwar der Verein die meiste Arbeit und trägt die größte Last in Gegensatz zu den anderen Geschäftsmodellen, dennoch kann der Verein über alles selbst bestimmen und das Fanartikelsortiment eigenständig zusammenstellen. Des Weiteren steht der Vertrieb von Fanartikeln über clubeigene Vertriebswege im Mittelpunkt (Schumann, 2017, S. 330).

2.2 Was

Im Kernsortiment werden Vereinsschals und -fahnen angeboten. Der Vereinsschal ist ca. 1 Meter lang und ist mit den Vereinsfarben sowie groß in der Mitte mit dem Vereinslogo bestückt. Die angebotene Vereinsfahne ist ca. $1m^2$ groß, ebenfalls wie der Schal bemustert und mit einem Holzstab zum Schwenken versehen.

Das Zusatzsortiment bietet ein Jubiläums T-Shirt für den allgemeinen Breitensport sowie ein erweitertes Spezialshirt für die beiden Profimannschaften. Diese unterscheiden sich durch den Aufdruck „30-jähriges Jubiläum" von den gewöhnlichen Breitensport- und Profimannschaftsshirts. Außerdem wird eine Jubiläumscappy im Sortiment mit aufgenommen. In diese wird oben vorne das Vereinslogo eingenäht und unter diesem der Slogan „30 Jahre".

Speziell für das Jubiläum entworfene Volleybälle, die mit den Vereinslogos bestückt sind, sind im Randsortiment erhältlich.

2.3 Wem

Vor allem sollen Mitglieder, Dauerkartenkäufer, Zuschauer sowie Mitarbeiter, die in der primären Zielgruppe zu finden sind, angesprochen werden. Aber auch die sekundäre Zielgruppe, der Angehörigen von Vereinsanhängern, Sponsoren, Geschäftspartnern oder befreundeten Clubs zuzuordnen sind, wird als potentielle Käufer des Fanartikelsortiments in Betracht gezogen.

2.4 Bedingungen

Die Sortimentarchitektur wird in zwei verschiedene preispolitische Strategien unterteilt. Das Kernsortiment, das das ganze Jahr bezüglich der angebotenen Artikel gleichbleibt, wird mit einer Marktpreisstrategie betrieben. Hierbei wird der Fan Schal konstant 4,99€ und die Vereinsfahne 9,99€ kosten.

Mit einer Abschöpfungspreispolitik werden dagegen das Zusatz- und Randsortiment der Merchandisingartikel vertrieben. Dabei herrschen in der Einführungsphase der Artikel relativ hohe Preise, die mit einer aufkommenden Nachfrageschwäche sukzessive gesenkt werden. Das Jubiläumsshirt der Breitensportmannschaft startet mit 19,99€, das Jubiläumsshirt der Profimannschaft mit 24,99€, die Jubiläumsmütze mit 9,99€ sowie der limitierte Volleyball mit 29,99€ in den Verkauf.

2.5 Kanäle

Für den Volleyballverein in der ca. 100.000 Einwohner umfassenden Stadt bieten sich sowohl der Eigenvertrieb als auch der Fremdvertrieb als optimale Verkaufsmöglichkeiten seines Merchandisingsortiments.

Der Eigenvertrieb bietet mit einem eigenen separaten Fanshop (stationäre Verkaufsstelle) eine gute Möglichkeit, die Artikel zu verkaufen. Ebenfalls „[…] sind des Weiteren Geschäfte und Flächen in Kaufhäusern oder Einkaufszentren oder selbstbetriebene Geschäfte zu zählen" (Rohlmann, 2011, S.252, zitiert nach Schumann, 2017, S.333).

Beim Fremdvertrieb bezieht sich der Verein über den Einzelhandel auf einen lokalen Sportfachhandel, der die Artikel der Merchandisingartikel des Vereins anbietet und verkauft.

2.6 Begleitmaßnahmen

Der Verein arbeitet mittels zwei verschiedener Maßnahmen innerhalb der Kommunikation.

Auf der einen Seite betreibt er in seiner Stadt Öffentlichkeitsarbeit in Form eines Fanartikelkatalogs, den er in unterschiedlichen Geschäften in der Stadt zum Mitnehmen auslegt. Zudem veröffentlicht er einmal pro Monat eine vereinseigene Zeitung, in der er zusätzlich das Merchandisingsortiment darstellt.

Auf der anderen Seite versucht der Verein durch Eventmarketing seine Artikel zu werben. Hierbei finden regelmäßig auf der Sportstätte Vereinsfeste, Freizeit- sowie Wettkampfturniere und gesellschaftliche Veranstaltungen statt, auf denen die Artikel des Sortiments präsentiert und verkauft.

2.7 Zeitraum

Der Zeitraum für das Merchandisingkonzept wird für die Saison bestimmt, in der auch das Jubiläumsjahr stattfindet (2017). In dieser Zeit wirbt der Verein aktiv für das Merchandisingsortiment und lässt alle festgesetzten Preise gleichbleibend.

3 Digitalisierung

3.1 Kurzbeschreibung des Vereins

Tabelle 2: Grobaufbau des Vereins (eigene Darstellung)

Vereinsangebot (Kernangebot des Vereins)	Breitensport: Fußball, Feldhockey, Basketball, Volleyball
	Einzelsport: Tennis, Schwimmen, Leichtathletik, Kraftraum
	Kurse: Tanzen, Athletiktraining
Mitgliederzahl	500
Anzahl bezahlter Mitarbeiter	10
Anzahl ehrenamtlicher Mitarbeiter	20

3.2 Zielgruppenanalyse

Die App ist speziell an zwei Zielgruppen gerichtet. Die erste Zielgruppe beinhaltet sowohl aktive als auch passive bestehende Mitglieder des Vereins. Eine Kundenbindung, also der Aufbau und die Pflege von Vertrauen zu den Mitgliedern, aber auch ein souveränes Auftreten mit dem Ziel einer Imageverstärkung werden als Marketingziele erfasst. Auf der anderen Seite stehen die (bezahlten und ehrenamtlichen) Mitarbeiter, die als zweite Zielgruppe betrachtet werden. Hierbei beschreibt der digitale Fortschritt als Qualitätszeichen nach innen sowie die Corporate Identity die Marketingziele.

3.3 Inhalt und Mehrwert der App

Tabelle 3: Übersicht der Themen und Mehrwerte der App (eigene Darstellung)

Themen	Mehrwert für den Kunden	Mehrwert für den User
Informationsübersicht: Preise, Sportangebote, Öffnungszeiten, Sonderangebote, Events, Aktionen	• Einfache und übersichtliche Darstellung aller Informationen → Transparenz und Ehrlichkeit • Spontanes kann sofort in die App mit integriert werden (z.B. Kursausfall)	• Jederzeitige Informationsbeschaffung über den Verein → schnelle Updates über Änderungen • Vereinfachte Mund-zu-Mund Propaganda möglich, da alles visuell veranschaulicht wird
Rechtliches: AGB's, Impressum, Kontaktmöglichkeiten, FAQ, Allgemeines	• Offene Darlegung aller rechtlichen Bedingungen über den Verein → Signalisiert Offenheit nach außen	• Einfache und übersichtliche Informationsbeschaffung von rechtlichen Sachen (z.B. Kündigungsfrist) • User bekommen einen Ansprechpartner bei Fragen
Medieneinsatz: Installation von Mediendateien (Bilder, Videos), Presseartikeln und Aktivitäten bezüglich der Öffentlichkeitsarbeit, Newsletter	• Weitere Möglichkeit für Veröffentlichungen von Medien als Zeichen der Öffentlichkeitsarbeit • Bekanntheitsgradsteigerung	• Rückblick auf Veranstaltungen → Identifikation mit dem Verein • Möglichkeit, mehr über den Verein aus der Sicht dritter (Presse) zu erfahren

| Verlinkung: eigene Homepage, Social-Media-Kanäle sowie Sponsoren und Investoren werden verlinkt | • Verstärktes Marketing und erhöhtes Werbeinstrument für den Verein
• Gewinnung, Bindung und Pflege von Sponsoren, Partnern und Investoren
• Weitere finanzielle Einnahmemöglichkeit durch Schalten von Fremdwerbung | • Identifikation mit den Sponsoren und Investoren, da auch Sympathie zum Verein gegeben ist
• Schneller, unkomplizierter und direkter Weg zu anderen Homepages des Vereins mit vermehrten Informationen |

3.4 Chancen und Risiken der App

Eine Erstellung und Verbreitung dieser App können verschiedene Chancen und Risiken mit sich bringen. Auf der einen Seite bietet sie dem Verein eine weitere Plattform, auf der alle Informationen, Angebote und Details zum Verein übersichtlich, klar gegliedert und transparent dargestellt werden. Dadurch kann eine verstärkte Öffentlichkeitsarbeit betrieben werden, der Interessentenkreis wächst und folglich auch die Mitgliederzahl. Zudem kann der Verein direkter mit den App-Usern arbeiten, indem er die App als ein „Pflicht"-Medium für Events, Veranstaltungen oder Kursanmeldungen benutzt. Es wird also Kundenbindung und -pflege durch eine erhöhte Teilnahme an „Specials" betrieben und eine Identifikation der Mitglieder und Mitarbeiter mit dem Verein wird intensiviert.

Auf der anderen Seite kann es passieren, dass die Mitglieder aus verschiedensten Gründen nicht zu App-Usern werden und die Investition in die Beauftragung für die Erstellung der Vereins-App keine Vorteile mit sich bringt. Zuletzt ist zu sagen, dass diese App weiterhin gepflegt und bearbeitet beziehungsweise betreut werden muss. Auch diese wichtige Tätigkeit erzeugt Kosten, die der Verein bezahlen muss. Bei zu niedrigem Interesse und zu hohem Aufwand für die Instandhaltung der App steigen die Kosten zunehmend und das Geld fehlt für andere Investitionen.

3.5 Möglichkeiten einer Bekanntheitsgradsteigerung

Es gibt unterschiedliche Möglichkeiten, den Bekanntheitsgrad des Vereins zu erhöhen und dementsprechend die Anzahl der App-User zu verstärken. Zum einen kann eine Vereinszeitung, die jeden Monat erscheint und sämtliche aktuelle Informationen, Vorankündigungen oder Berichte über Leistungen und Aktionen des Vereins berichtet, in das Leben gerufen werden. Somit ist dieser Weg eine vereinsinterne Maßnahme, die aber durch Mitglieder und Mitarbeiter durch Mundpropaganda nach außen verbreitet werden kann und schließlich die Bekanntheit steigert.

Zum anderen können Aktionen und Events veranstaltet werden, bei denen potenzielle Neumitglieder gewonnen werden und auch dies durch Mundpropaganda nach außen hin unterstützt wird. Als Beispiel kann hier die Aktion „Mitglieder werben Mitglieder" herangenommen werden. Durch den Vorteil für die schon bestehenden Mitglieder wächst der Bekanntheitsgrad also durch Weitererzählungen.

Außerdem können Presseberichte geschrieben und durch lokale Zeitungen veröffentlicht werden. Inhalte dieser können letzte Events, Erfolge oder Geschichten aus dem Vereinsleben sein. Ein sehr guter Punkt wäre an dieser Stelle die Einführung einer neuen Vereins-App. Auch hier ist das Ziel durch diese Art der Öffentlichkeitsarbeit potenzielle Neumitglieder zu gewinnen.

Schließlich spielt das Auftreten im Social Media Bereich in der heutigen Zeit eine entscheidende Rolle bei einer gezielten Steigerung des Bekanntheitsgrades. Je mehr und besser man in den verschiedensten Social-Media-Kanälen (Facebook, Twitter, usw.) aufgestellt, desto höher ist die Reichweite neue Interessenten zu finden sowie von seinem Verein zu berichten. Durch eine Verlinkung zu der Vereins-App kann auch hier die Zahl der App-User erhöht werden.

4 Sponsoring

4.1 Beschreibung eines fiktiven Unternehmens

Das fiktive Wirtschaftsunternehmen, das sich am Sponsorship eines Sportsevents beteiligen möchte, entspricht einem Sportartikelhersteller auf nationaler (deutschlandweiter Bekanntheitsgrad) Ebene und trägt den Namen „Sport&Lifestyle GmbH".

Die „Sport&Lifestyle GmbH" besitzt ein sehr breit gefächertes Sortiment für alle möglichen Mannschafts-, Einzel- und Breitensportarten. Das Unternehmen spezialisiert sich auf den Sportbereich des Lauftrainings und verkauft dementsprechend vermehrt Laufklamotten und -schuhe sowie sonstige Zusatzgadgets, die zum diesem Sportbereich gehören (Trinkflaschen, Handtücher, usw.). Auf dem Event bietet die „Sport&Lifestyle GmbH" folgende Produktpalette an: Laufklamotten (Hosen, T-Shirts, Sweatshirts, Jacken, Socken sowie Handschuhe), Schuhe sowie Accessoires (Trinkflaschen, Laufgürtel, Schweißbänder).

Die Zielgruppen dieses Unternehmens sind klar nach drei Abgrenzungsmerkmalen definiert. Zum einen spezialisieren sie sich auf ein demografisches Merkmal, das Alter. Ihre Zielgruppe beinhalten hierbei sportbegeisterte Menschen im Alter von 16-60 Jahren, die durch ihre ehrgeizige und treue Affinität, Motivation und Leidenschaftlichkeit zum Sport (psychologisches Merkmal) als ihre Kunden gekennzeichnet sind. Zum anderen konzentriert sich das Unternehmen auf die Gesundheit der Sportler und dadurch auf eine sehr gute Qualität der Produkte. Hierbei hat die Zielgruppe eine eher „lockere" Preissensibilität und wird durch ihr Kaufverhalten, das als ökonomisches Merkmal aufgefasst wird, von teureren qualitativ hochwertigen Artikeln bestimmt.

Die Sportartikel des Unternehmens werden durch den Eigenvertrieb angeboten und verkauft. Hierbei besitzt der Sportartikelhersteller mehrere betriebseigene Sportläden, in denen der Kunde sich beraten, alles anprobieren sowie erwerben kann. Zudem werden die Produkte über den Online-Versand durch einen Online-Shop verkauft und verschickt.

Bislang werden folgende Kommunikationsinstrumente verwendet: eine eigene Homepage mit direktem Zugang zum Online-Shop, Werbung und Aktionenausschreibungen durch den Newsletter (falls abonniert), Anzeige und Darstellung mancher Artikel und Fachzeitschriften sowie Veranstaltungen und Events mit Aktionen und Gewinnspielen (z.B. Winter-Sale oder Neueröffnung).

4.2 Phasen des Sponsoringprozesses

Bei den Zielen werden zwischen ökonomischen und psychologischen Zielen unterschieden. Die ökonomischen Ziele der „Sport&Lifestyle GmbH" sind eine Umsatzsteigerung (mittel- und langfristig) sowie die Erschließung neuer Vertriebswege für einen höheren Marktanteil (vgl. Schumann, 2017, S. 247). Bei den psychologischen Zielgrößen unterteilt man kognitive, affektive und konative Ziele. Zum erst genannten wird eine Markenbekanntheit angestrebt, eine Imageverbesserung sowie die Schaffung und Pflege von Vertrauen zum Kunden werden als affektiv eingeteilt und eine Kontaktpflege (z.b. über den Newsletter) wird als ein konatives Ziel gekennzeichnet (vgl. Schumann, 2017, S. 247).

Damit die oben genannten Ziele erreicht werden, muss eine Zielgruppenanalyse durchgeführt werden. Die Zielgruppen der „Sport&Lifestyle GmbH" sind sportaffinierte, motivierte und gesundheitsbewusste Sportler, die ihre Sportart mit Freude und Leidenschaft ausführen und dadurch großen Wert auf Qualität ihrer Sportausrüstung legen. Aus Sicht des Gesponserten, also dem Laufevent, bestimmen Sportler, die das Laufen entweder als eine Freizeit- und Ausgleichbeschäftigung oder als Training für Wettkämpfe und Meisterschaften betreiben, die Zielgruppe. Auch Familien oder Pärchen, die das Event als eine Spaßveranstaltung sehen, werden in die Zielgruppe miteinbezogen. Dadurch ergibt sich aus diesen beiden Zielgruppen folgende Schnittmenge: Es werden Sportler aus dem Ausdauer- und Laufsport angestrebt, die dementsprechende Laufbekleidung und Zusatzprodukte, wie z.B. Schuhe oder Trinkflaschen, benötigen.

Es werden folgende fünf konkreten Sponsoring-Einzelmaßnahmen angewendet: das Laufevent bedruckt ihre Flyer (vor dem Event) und ihre Eintrittskarten (während dem Event) mit dem Logo des Sportartikelherstellers und stellt ihm einen Stand beim Startpunkt, beim Zieleinlauf und auf der Läufermesse zur Demonstration der Produkte zur Verfügung. Des Weiteren führen Sponsor und Gesponserter gemeinsame Pressearbeiten vor, während und nach der Veranstaltung in Form von Pressemappen durch (vgl. Schumann, 2017, S.254). Zusätzlich wirbt der Veranstalter mit Sonderangebotsaktionen auf der Läufermesse für die „Sport&Lifestyle GmbH" für eine Verkaufsförderung der Sportartikel. Außerdem werden Mitarbeiter und deren Familie und Freunde zu der Veranstaltung eingeladen und dürfen kostenlos am Laufevent als ein Erlebnis teilnehmen. Zuletzt werden „Maßnahmen zur Nachbereitung der Sponsorships, insbesondere Pressearbeit […]" (Schumann, 2017, S.254) ausgearbeitet und durchgeführt.

Zur Messung des Sponsorship Erfolges wird hierbei die Effektivitätskontrolle angewendet. „Kern dieser ist die Überprüfung der Zielerreichung bzw. des Zielerreichungsgrad in Form eines Soll-Ist-Vergleichs" (Kobuss, 2018). Als Kontrollinstrument wird das klassische Verfahren der Marktforschung durch Kundenbefragungen und Analysen über die Nutzung der Homepage (inklusive Online-Shop) betrieben.

5 Literaturverzeichnis

c2 development GbR: *Traditionsvereine in der Bundesliga.* In: www.der-fußballblogger.de. Stand: o.J. URL: https://www.der-fussballblogger.de/traditionsvereine-in-der-bundesliga/ (letzter Abruf am 21.04.2018)

Fritsch, O.: *Dietmar Hopp und der Regelbruch.* In: www.zeit.de. Stand: 09.05.2012. URL: https://www.zeit.de/sport/2012-05/hopp-hoffenheim-leipzig-dfl (letzter Abruf am 21.04.2018)

Handelsblatt Media Group GmbH & Co. KG.: *Dietmar Hopp kauft Hoffenheim.* In: www.handelsblatt.de. Stand: 10.02.2015. URL: http://www.handelsblatt.com/sport/fussball/tsg-mitglieder-einstimmig-dietmar-hopp-kauft-hoffenheim/11351486.html (letzter Abruf am 20.04.2018)

Hellmann, F.: *Fußball-Bundesliga - Selbst mittelmäßige Spieler werden immer teurer.* In: www.sportschau.de. Stand: 04.07.2017. URL: https://www.sportschau.de/fussball/bundesliga/bundesliga-transfermarkt-mittelstand-100.html (letzter Abruf am 23.04.2018)

Kneer, C.: *Trennung als Provinzposse.* In: www.sueddeutsche.de. Stand: 27.02.2018. URL: http://www.sueddeutsche.de/sport/flick-in-hoffenheim-die-trennung-als-provinzposse-1.3883883 (letzter Abruf am 23.04.2018)

Kobuss, J.: *Marketingcontrolling.* In: www.designerbusiness.de. Stand: 2018. URL: http://www.designersbusiness.de/info/lehrmodule/marketing/marketingcontrolling (letzter Abruf am 03.05.2018)

Randerath, M.: *Fernsehgelder Tabelle 1.Bundesliga.* In: www.fussball-geld.de. Stand: 2017. URL: http://fussball-geld.de/fernsehgelder-tabelle/ (letzter Abruf am 22.04.2018)

Schmeckel, M.: *Das Geheimnis der TSG-Jugend: Der Hoffenheimer Weg.* In: www.goal.com. Stand: 07.09.2016. URL: http://www.goal.com/de/news/3643/exklusiv/2016/09/07/27251122/das-geheimnis-der-tsg-jugend-der-hoffenheimer-weg (letzter Abruf am 20.04.2018)

Schumann, P. D. (2017). *Studienbrief - Sportmarketing.* Saarbrücken: Deutsche Hochschule für Prävention und Gesundheitsmanagement.

Siegmund, A.: *Warum bloß...Hoffenheim?* In: www.sports.vice.com. Stand: 24.11.2015. URL: https://sports.vice.com/de/article/kbm8ym/warum-blo-hoffenheim (letzter Abruf am 21.04.2018)

Statista GmbH: *Größte Erfolge der TSG 1899 Hoffenheim bis zum Jahr 2017*. In: www.statista.com. Stand: 2018. URL: https://de.statista.com/statistik/daten/studie/312241/umfrage/erfolge-hoffenheim/ (letzter Abruf am 22.04.2018)

TSG 1899 Hoffenheim Fußball-Spielbetriebs GmbH: *TSG auch wirtschaftlich auf Erfolgskurs*. In: www.achtzehn99.de. Stand: 21.11.2017. URL: https://www.achtzehn99.de/newsarchiv-2/newsarchiv-2017/november-2017/tsg-bleibt-auch-wirtschaftlich-auf-erfolgskurs/ (letzter Abruf am 20.04.2018)

Wittich, A.: *Großes Vertrauen und rießiger Teamgeist*. Von Rhein-Neckar-Zeitung. In: www.rnz.de. Stand: 19.08.2017. URL: https://www.rnz.de/1899hoffenheim/1899nachrichten_artikel,-tsg-1899-hoffenheim-1899-hoffenheims-innenleben-grosses-vertrauen-und-riesiger-teamgeist-_arid,296894.html (letzter Abruf am 22.04.2018)

6 Tabellenverzeichnis

BEI GRIN MACHT SICH IHR WISSEN BEZAHLT

- Wir veröffentlichen Ihre Hausarbeit, Bachelor- und Masterarbeit

- Ihr eigenes eBook und Buch - weltweit in allen wichtigen Shops

- Verdienen Sie an jedem Verkauf

Jetzt bei www.GRIN.com hochladen und kostenlos publizieren